Inhalt

Umwelthaftung und Seveso II

Kernthesen

Beitrag

Fallbeispiele

Weiterführende Literatur

Impressum

GENIOS WirtschaftsWissen Nr. 10/2003 vom 20.10.2003

Umwelthaftung und Seveso II

I.Zeilhofer-Ficker

Kernthesen

- Voraussichtlich noch im Herbst diesen Jahres wird die EU eine neue Richtlinie zur Umwelthaftung verabschieden.
- Erstmals soll jeder auch für Schäden an ökologischen Schutzgebieten oder der Artenvielfalt haften, auch wenn das Gebiet nicht Eigentum einer Person ist.
- Dadurch sollen die Kosten für Sanierungs- und Ausgleichsmaßnahmen, die heute meist vom Steuerzahler getragen werden, dem entsprechenden Verursacher angelastet werden.
- Auch in der Seveso-II-Richtlinie wird nun mehr Gewicht auf den Umweltschutz gelegt

- ihr Anwendungsbereich wurde auf Stoffe ausgedehnt, die für die Umwelt gefährlich werden können.
- Zu großzügig erteilte Ausnahmegenehmigungen für Verstöße gegen die Umweltrichtlinien der EU haben einen dramatisch hohen Verschmutzungsgrad des Mittelmeers verursacht.
- Die Richtlinie zur Umwelthaftung sieht die Möglichkeit vor, Umweltverschmutzer von der Haftung freizusprechen.

Beitrag

Umwelthaftung - warum?

Umweltkatastrophen an der Tagesordnung

Chemieunfälle, Tankerunglücke, Störfälle in Atom-Kraftwerken und ähnliches machen immer wieder Schlagzeilen in der Presse. Ob der diesjährige spektakuläre Untergang der "Prestige" vor Galicien, der Austritt zyanidbelasteten Abwassers aus der rumänischen Goldmine von Baia Mare in die Theiß und Donau im Jahr 2000 oder die Verseuchung der andalusischen Flusstäler des Guadiamar und Guadalquivir 1998 durch giftige Schwermetalle und Säuren aus einem Schwefelkies-Bergwerk, jeder dieser Unfälle hatte fatale Auswirkungen für das betroffene Ökosystem. (1)

Tausende von Vögeln und Fischen mussten bei diesen, von Menschen verursachten Naturkatastrophen ihr Leben lassen, viele Quadratkilometer Boden wurden verseucht, Hunderte von Kilometern Strand mit Ölschlamm verunreinigt.

Tschernobyl steht für den schlimmsten atomaren GAU schlechthin, Seveso und Bhopal sind durch ihre tragischen Chemieunfälle zu Synonymen für menschliches und ökologisches Leid geworden. Gleich ist diesen Katastrophen, dass die Sanierung der betroffenen Gebiete, wenn überhaupt durchführbar, mit Kosten in zigfacher Millionenhöhe verbunden war. (2)

Sanierungskosten bleiben am Steuerzahler hängen

Das Gebiet um Tschernobyl wird wohl noch auf viele Jahrzehnte hinaus gänzlich unbewohnbar bleiben. Union Carbide, das Unternehmen, das Bhopal betrieb, weigert sich bis heute, die Verantwortung für die dort immer noch lagernden 5000 Tonnen chemischer Abfälle zu übernehmen und die Sanierung des Geländes vorzunehmen.

Oft fehlen die gesetzlichen Grundlagen oder die notwendigen finanziellen Mittel, die die Verursacher zur Beseitigung des von ihnen angerichteten Schadens zwingen würde. Versicherungen decken zwar manchmal die Ansprüche für Schäden an Personen oder persönlichem Eigentum ab, lehnen bisher aber die Haftung für Umweltschäden an Naturschutzgebieten oder der Artenvielfalt ab. Deshalb blieb bisher der finanzielle Aufwand für Sanierungs-, Säuberungs- und Ausgleichsmaßnahmen meist an den Steuerzahlern des betroffenen Landes hängen. (3)

Diese Lücken in der Haftung sollen in Europa nun geschlossen werden. Die europäische Gemeinschaft plant erstmals eine Richtlinie, die die Umwelthaftung umfassend regeln soll. (4)

Was ist geplant

Die Zielsetzung der EU-Richtlinie ist die Vermeidung von Umweltschäden sowie die Sicherstellung der Sanierung der Umwelt nach einem Schaden. Grundlage dafür ist das Verursacherprinzip, d. h. wer einen Schaden verursacht haftet auch dafür. Das Verursacherprinzip wurde schon im Gründungsvertrag der EG festgeschrieben. (www.europa.eu.int)

Durch zivilrechtliche Vorschriften haften Unternehmen bereits in beschränktem Umfang für Schäden an Personen oder deren Eigentum. (3) Haftungslücken bestehen aber vor allem bei der Schädigung der biologischen Artenvielfalt und von ausgewiesenen Naturschutzgebieten, von Gewässern und Böden. Mit der Umwelthaftungs-Richtlinie sollen diese Lücken nun geschlossen werden. (4)

Gefährdungshaftung und Verschuldenshaftung

Grundsätzlich unterliegt jede Person, die eine berufliche Tätigkeit ausübt der Umwelthaftung. Für das Ausmaß der Haftung ist aber ausschlaggebend, ob die Tätigkeit potenziell gefährlich ist oder nicht. Als potenziell gefährliche Tätigkeiten gelten beispielsweise Abfallbewirtschaftungsmaßnahmen, die Herstellung, Verarbeitung oder Lagerung von gefährlichen Stoffen und Zubereitungen oder Pflanzenschutzmitteln, sowie der Betrieb von genehmigungspflichtigen Industrieanlagen. (www.europa.eu.int)Personen, die einer dieser potenziell gefährlichen Tätigkeiten nachgehen, unterliegen der **Gefährdungshaftung**, sie haften also grundsätzlich, auch wenn kein Verschulden vorliegt. Diese Haftungsausweitung soll die Betreiber von potenziell gefährlichen Anlagen zu Vorsorgemaßnahmen veranlassen und so zur Vermeidung von Umweltschäden beitragen. (4), (5)

Alle anderen Personen unterliegen der **Verschuldenshaftung**, das heißt sie haften nur, wenn eine Verletzung der Sorgfaltspflichten nachgewiesen werden kann. (5)

Anwendungsbereich

Neben Schäden im herkömmlichen Sinne, die in den meisten Ländern durch zivilrechtliche Regelungen abgedeckt sind, wird mit der Richtlinie zur Umwelthaftung nun erstmals auch die Schädigung der biologischen Artenvielfalt sowie von Boden und Wasser einheitlich geregelt. Die Haftung soll allerdings anfangs auf Regionen begrenzt werden, die in der Naturschutzrichtlinie Flora, Fauna, Habitat (FFH) als Schutzgebiete gelistet sind. Dazu kommen Schäden an Wildvögeln, die als geschützte Arten gelten. (6)

Explizit ausgenommen sind von der Richtlinie nukleare Unfälle sowie Unfälle auf See, da Schadensfälle dieser Kategorien in anderen Gesetzen bzw. internationalen Vereinbarungen geregelt sind. (4)

Für Diskussionen zwischen den Mitgliedsländern sorgt vor allem der Passus der sagt, ein Betreiber könne von der Haftung entbunden werden, sofern er für die gefährliche Tätigkeit eine Betriebsgenehmigung hat. Auch wenn ein Schadensrisiko nach Stand der wissenschaftlichen und technischen Erkenntnisse nicht vorhersehbar war, haftet der Betreiber nicht. (4)

Andererseits ist es den EG-Mitgliedern erlaubt, auf einzelstaatlicher Ebene strengere Vorschriften zu erlassen, als in der Richtlinie vorgesehen. (4)

Wer trägt die Kosten

Wie bereits erwähnt, gilt für die Regelung der Umwelthaftung das Verursacherprinzip. In erster Linie ist also die Person zur Übernahme der Kosten von Präventiv-, Sanierungs- oder Ausgleichsmaßnahmen verpflichtet, die den Umweltschaden verursacht oder verursachen könnte. Kommt der Verursacher seiner Verpflichtung nicht nach, so wird der Mitgliedsstaat entsprechende Maßnahmen veranlassen und die entstehenden Kosten vom Verursacher eintreiben. Wenn beim Verursacher nicht genügend finanzielle Mittel vorhanden sind, stellt der Mitgliedsstaat auf jeden Fall sicher, dass die notwendigen Maßnahmen trotzdem durchgeführt werden. (www.europa.eu.int)

Kommt eine Zwangsversicherung?

Heftig diskutiert wurde in den europäischen Gremien die Zwangsverpflichtung der Betreiber zu einer Umwelthaftpflichtversicherung. Da entsprechende Versicherungsprodukte zurzeit aber nicht zur Verfügung stehen, hat man letztlich davon abgesehen.

Da die Versicherungswirtschaft einer

Umwelthaftpflichtversicherung äußerst skeptisch gegenüber steht, sollen nun erst einmal 5 Jahre lang Erfahrungen gesammelt werden. In der Zeit sollen die Mitgliedsstaaten zusammen mit den Versicherungsgesellschaften ein Angebot von passenden Versicherungsprodukten erarbeiten und Erfahrungen mit einer freiwilligen Versicherung sammeln. Nach entsprechenden Berichten in 5 Jahren soll die Frage des Versicherungszwangs dann nochmals von der EU geprüft werden. (5)

Seveso II

Unfallverhütung ist natürlich der erste Schritt zur Vermeidung von Umweltkatastophen. Die Verhütung von Unfällen mit gefährlichen Stoffen sowie die Schadensbegrenzung sind in der Seveso-II-Richtlinie der EU geregelt. Darin werden die Betreiber von Anlagen, in denen mit gefährlichen Stoffen gearbeitet wird, zu weitgehenden Vorsorgemaßnahmen verpflichtet. Jeder Betreiber muss beispielsweise einen ausführlichen Sicherheitsbericht erstellen, der von den zuständigen Behörden mindestens alle 5 Jahre überprüft wird.

Die Behörden müssen sicherstellen, dass zwischen Betrieben, die mit gefährlichen Stoffen arbeiten und

Wohngebieten ein Sicherheitsabstand gewahrt bleibt. Außerdem muss die Öffentlichkeit über die Planung von Neuansiedlungen oder Änderung solcher Betriebe informiert und gehört werden.

In der Neufassung der Seveso-Richtlinie vom letzten Jahr wird mehr Nachdruck auf den Umweltschutz gelegt. Die Liste gefährlicher Stoffe wurde auf Produkte ausgedehnt, die eine potenzielle Gefährdung für die Umwelt, besonders das Wasser, darstellen. (www.europa.eu.int)

Ein Richtlinienvorschlag zur Abfallentsorgung für Produkte der Rohstoffindustrie ergänzt Seveso II und soll das Müllmanagement der Rohstoffindustrie sicherer und einheitlicher machen. (1)

Risiko Ausnahmegenehmigung

Als dramatischen Notfall bezeichnen Umweltexperten mittlerweile das Mittelmeer. Das "schmutzigste Meer der Welt" wurde jahrzehntelang nicht nur von ungeklärten Abwässern verseucht, sondern auch in extremem Ausmaß von Industrieabfällen wie Schwermetallen oder Chemikalien. Diese gelangen nach wie vor ins Mittelmeer, weil sich alle Anwohnerstaaten äußerst freigiebig mit

Ausnahmegenehmigungen von den Umweltschutzvorschriften zeigen. Allein fünf Millionen Kubikmeter toxische Chemieabfälle sind in der Lagune von Venedig angesammelt und vergiften dort jeden lebenden Organismus. (7)

Leider sieht auch die geplante Richtlinie zur Umwelthaftung vor, dass Mitgliedsstaaten Betreiber von der Haftung für Umweltschäden freistellen können, sofern die Verschmutzung vorab genehmigt oder die Vorschriften der Betriebserlaubnis eingehalten werden. Dieser Passus wird vom Bundesumweltminister Trittin abgelehnt, der eine strenge, obligatorische Haftung ohne Ausnahme fordert. (8)

Dem wird in der Möglichkeit zum einzelstaatlichen Erlass strengerer Vorschriften Rechnung getragen. (4)

Fallbeispiele

Frankfurter Flughafenausbau wegen Seveso II in Frage gestellt

Auf Seveso-II berufen sich die Gegner des geplanten Flughafenausbaus in Frankfurt. Die vorgesehene neue Nordwest-Start- und Landebahn würde sich in gefährlicher Nähe zu den Produktionsanlagen des Chemiewerkes Ticona befinden. (9)

Die Ausbaugegner haben deshalb Beschwerde bei der Europäischen Kommission eingereicht, die prüfen wird, ob das geplante Projekt die Seveso-II-Richtlinie verletzen würde. Neben der Gefahr eines potenziellen Flugzeugabsturzes auf das Chemiewerk sehen Umweltschützer auch eine Bedrohung von seltenen Tierarten wie Specht, Holzkäfer und Fledermäuse im angrenzenden Wald. (10)

Frankreich will Transprotunternehmen in Seveso-II-Gesetz einschließen

Nach der Explosion einer Chemiefabrik in Toulouse 2001 wird in Frankreich über einen Gesetzentwurf diskutiert, der die Seveso-II-Richtlinie in Frankreich umsetzen soll. Die Franzosen gehen dabei soweit, dass Sie sogar Transportunternehmen, die Gefahrgut transportieren, in die Vorschriften mit einbeziehen wollen. Eine Entscheidung über dieses

Gesetzesvorhaben wird noch in diesem Herbst erwartet. (11), (12)

Weiterführende Literatur

(1) Einheitliche Regelungen
aus ENTSORGA MAGAZIN Nr. 06 vom 25.06.2003 Seite 006

(2) Burghardt, Peter, Staunen über das verschwundene Öl, Süddeutsche Zeitung, 27.08.2003, Ausgabe Deutschland, S. 10
aus ENTSORGA MAGAZIN Nr. 06 vom 25.06.2003 Seite 006

(3) EU verschärft Umwelthaftung Firmen müssen für Schäden an Tieren aufkommen · Protest der Wirtschaft
aus FTD Financial Times Deutschland vom 20.06.2003, Seite 1

(4) Lünenbürger, Benjamin, EU-Richtlinie zur Umwelthaftung vor der Verabschiedung - Europa mit beschränkter Haftung, Ökologisches Wirtschaften 3-4/2003: Geteilte Verantwortung im Verbraucherschutz
aus FTD Financial Times Deutschland vom 20.06.2003, Seite 1

(5) Umwelthaftpflichtversicherung darf kein Rundum-Sorglos-Paket sein Neuer Katalog der

haftungsauslösenden Beeinträchtigungen - Keine Verpflichtung zur Deckungsvorsorge - Grundlage zur seriösen Risikokalkulation fehlt
aus Börsen-Zeitung, 13.09.2003, Nummer 177, Seite B3

(6) Gute Chancen für EU-Umwelthaftung
aus Frankfurter Allgemeine Zeitung, 19.08.2003, Nr. 191, S. 18

(7) Gift im Paradies
aus Der Spiegel, 04.08.2003, Nr. 32, Seite 102

(8) Grundsatzeinigung über Umwelthaftung
aus Frankfurter Allgemeine Zeitung, 14.06.2003, Nr. 136, S. 12

(9) Fall Ticona: Kompromiß in Sicht
aus Frankfurter Allgemeine Zeitung, 08.10.2003, Nr. 233, S. 43

(10) Frankfurt: EU-Kommission untersucht Flughafenausbau, DVZ, Nr. 115, 25.09.2003
aus Frankfurter Allgemeine Zeitung, 08.10.2003, Nr. 233, S. 43

(11) Klingsieck, Ralf, Sie wollen keinen Seveso-Status, DVZ, Nr. 096, 12.08.2003
aus Frankfurter Allgemeine Zeitung, 08.10.2003, Nr. 233, S. 43

(12) Der Entwurf des Gesetzes, DVZ, Nr. 096, 12.08.2003
aus Frankfurter Allgemeine Zeitung, 08.10.2003, Nr.

233, S. 43

Impressum

Umwelthaftung und Seveso II

Bibliografische Information der deutschen Nationalbibliothek

Die Deutsche Nationalbibliothek verzeichnet diese Publikation in der deutschen Nationalbibliografie; detaillierte bibliografische Daten sind im Internet über http://dnb.d-nb.de abrufbar.

ISBN: 978-3-7379-1433-8

© 2015 GBI-Genios Deutsche Wirtschaftsdatenbank GmbH, Freischützstraße 96, 81927 München, www.genios.de

Alle Rechte vorbehalten. Dieses Werk ist einschließlich aller seiner Teile – z.B. Texte, Tabellen und Grafiken - urheberrechtlich geschützt. Jede Verwertung außerhalb der Grenzen des Urheberrechtsgesetzes bedarf der vorherigen Zustimmung des Verlags. Dies gilt insbesondere auch für auszugsweise Nachdrucke, fotomechanische Vervielfältigungen (Fotokopie/Mikroskopie), Übersetzungen, Auswertungen durch Datenbanken oder ähnliche Einrichtungen und die Einspeicherung und Verarbeitung in elektronischen Systemen.